AF370285

LE CARDINAL

JEAN DE DORMANS

ET SA FAMILLE

DORMANS — SON CHATEAU — SON ÉGLISE

FAMILLE DE JEAN DE DORMANS

LE CARDINAL ET SES FONDATIONS

Par l'Abbé A. POQUET

CURÉ DOYEN DE BERRY-AU-BAC

CORRESPONDANT DU MINISTÈRE HISTORIOGRAPHE DU DIOCÈSE

OFFICIER D'ACADÉMIE

REIMS

MATOT-BRAINE, IMPRIMEUR-LIBRAIRE-ÉDITEUR

Henri MATOT, Fils et Successeur

6, Rue du Cadran-Saint-Pierre, 6

1886

LE CARDINAL
JEAN DE DORMANS
ET SA FAMILLE

DORMANS — SON CHATEAU — SON ÉGLISE

FAMILLE DE JEAN DE DORMANS

LE CARDINAL ET SES FONDATIONS

Par l'Abbé A. POQUET

CURÉ DOYEN DE BERRY-AU-BAC

CORRESPONDANT DU MINISTÈRE HISTORIOGRAPHE DU DIOCÈSE

OFFICIER D'ACADÉMIE

REIMS

MATOT-BRAINE, IMPRIMEUR – LIBRAIRE – ÉDITEUR

Henri MATOT, Fils & Success'

6, Rue du Cadran-Saint-Pierre, 6

1886

LE CARDINAL
JEAN DE DORMANS
ET SA FAMILLE

I

Dormans, son Château, son Église.

Entre Epernay et Château-Thierry, presque à égale
distance de ces deux villes, se trouve un joli bourg, situé
sur la ligne du chemin de fer de Paris à Strasbourg et
assis sur la rive gauche de la Marne que l'on traverse sur
un pont suspendu de 65 mètres d'ouverture, bourg auquel
on a donné le nom gallique de Dormans. Son origine doit
être fort ancienne et partant très obscure. Aussi n'es-
sayerons-nous pas de l'expliquer dans cet article.

Tout ce que l'on peut dire en fait d'histoire, c'est que
Dormans avait une certaine importance au Moyen-Age,
puisqu'il servait alors d'entrepôt entre la Brie, la Champagne et le Soissonnais dont les produits étaient transpor-
tés par la Marne à Paris. Lors de la division de la France
en grands fiefs, ajoute M. Guérard, Dormans faisait partie
de la Champagne à laquelle il fut rattaché jusqu'à la fin
du XIIIe siècle. Mais à cette époque, Jeanne de Navarre,
comtesse de Champagne, ayant épousé Philippe-le-Bel, lui
apporta en dot cette belle province qui se trouva ainsi
réunie à la couronne.

Toutefois, voulant, paraît-il, récompenser une famille
qui avait longtemps régi les biens de ses ancêtres, la
reine constitua la châtellenie de Dormans et en fit don à

Jean qui, selon l'usage du temps, prit le nom de cette terre dont il devenait le seigneur apanagiste ou suzerain ; car d'autres auteurs prétendent que les fils de Jean Ier avaient acheté la seigneurie de leur patrie. Dans tous les cas, il paraît assez probable que le château de Dormans, bâti en grés, flanqué de tours et situé dans un parc magnifique, arrosé par les eaux vives des ruisseaux de Vassieux, Chavenay, et le ru de Saint-Hippolyte qui le traversent, serait l'œuvre de cette famille et daterait de la fin du xive siècle, vers 1390.

Aujourd'hui, cette grande propriété qui avait appartenu dans des temps plus rapprochés de nous : au Grand Condé, au prince de Conti, puis au maréchal de Broglie, au prince de Ligne, aux Thélusson, au comte d'Armaillé, est en train de disparaître, comme ont disparu les remparts et les fossés remplis d'eau de cette petite villette qui resta néanmoins jusqu'à Louis XIII, comme une des places fortes du royaume. L'église primitive de Dormans dédiée à Sainte-Eulalie qui était près du château, a aussi disparu. *Sic transit gloria mundi.*

L'église actuelle ne serait que la chapelle d'un prieuré de Bénédictins qui existait dans ce bourg. Le sanctuaire et les deux chapelles qui le flanquent sont des premières années du xiiie siècle, la voûte en bois de la nef est du xvie siècle, le clocher carré est coiffé comme celui de Vasseny-en-Soissonnais, d'un toit à quatre pignons. Ce n'est sans doute pas à cette originalité que l'église de Dormans doit la faveur assez singulière d'avoir été classée au nombre des monuments historiques du département de la Marne. Sur le flanc méridional s'élève une tour octogone, servant de cage d'escalier, divisée en quatre étages et couverte d'un toit conique. Les gouttières représentent des chevaux, sans doute pour rappeler le supplice de saint Hippolyte, patron de la paroisse. (1)

(1) Statistique de la Marne.

II

Famille de Jean de Dormans.

Quoiqu'il en soit de l'histoire et de l'importance de ce bourg, sa gloire est d'avoir donné son nom à une famille célèbre dont nous allons parler avec quelques détails, en commençant par Jean Ier, chef de la maison de Dormans, lequel, peu de temps après avoir été investi de la châtellenie de Dormans, fut nommé procureur du roi au Parlement de Paris en 1347. De lui sont sortis plusieurs enfants : 1° Jean II, précepteur de Charles V, chancelier de France, évêque de Beauvais et cardinal, dont nous nous occuperons plus loin ; 2° Guillaume ; 3° Pierre ; 4° Simon ; qui nous sont complètement ignorés.

Quant à Guillaume, le second de ses fils, nous savons qu'il fut seigneur de Dormans et de Silly, avocat général au Parlement de Paris, chancelier de France en 1372, mort le 11 juillet en 1373 (1). Il fut enterré dans le chœur des Chartreux de Paris (2). Il avait épousé Jeanne Baube, dame de Silly, dont il eut cinq enfants : 1° Jean, chanoine de Paris, de Chartres et de Beauvais, mort à Sens, le 2 novembre 1386 ; 2° Bernard, marié en 1381 à Marguerite de Craon, décédé peu de temps après ; 3° Renaud, archidiacre de Châlons, chanoine de Paris, de Chartres et de Soissons, maître des requêtes de l'hôtel du roi, mort aussi

(1) L'obituaire de Saint-Jean dit, en parlant de Guillaume : *Eodem die (Quinta Julii) 1373, obiit Guilletmus de Dormano, cancellarius franciæ, Germanus dicti cardinalis Belvacensis, specialis amicus et benefactor hujus Ecclesiæ per quorum auxilium usagium forestæ de Rhetio, quod non per usum deperditum dicebatur, fuit recuperatum.* L'historien qui rapporte ce fait suppose que Guillaume de Dormans est mort le même jour que le cardinal son frère, mais quelques années après. Tandis qu'ils sont morts la même année, mais à une époque différente.

(2) Guillaume reposait à côté de son frère le cardinal, sous une tombe plate de marbre noir, sur laquelle son image était incrustée en albâtre.

en 1386 et inhumé avec un de ses enfants, aux Chartreux de Paris, comme l'atteste son épitaphe : « Cy gist noble » homme, maistre Regnault de Dormans, conseiller et » maistre des Requestes ordinaires de l'hostel du Roy » nostre sire et neueu dudit feu Monseigneur le chancelier, » et un des enfans dudit maistre Regnault et de damoiselle » Colombe de Bonney, sa femme. Lequel maistre Regnault » trespassa le 11 iour de novembre 1386. » 4º Miles ou Milon, chancelier de France, président de la Chambre des Comptes; 5º Guillaume, d'abord doyen de Meaux, puis évêque de la même ville, enfin archevêque de Sens, mort en 1405.

Milon, le quatrième des enfants de Guillaume de Dormans, fut le plus en vue et mêlé à presque toutes les affaires du temps. Il avait d'abord été archidiacre de Meaux et prévôt de l'Église de Reims en 1375, puis évêque d'Angers, de Bayeux et de Beauvais, dont il prit possession en 1376 : Marlot rapporte qu'il mangea à la table du roi Charles V, quand ce prince reçut Charles, empereur des Romains, en 1377, le jour de l'Epiphanie. Nommé exécuteur testamentaire de Charles V, il prêta serment en 1378 et assista au couronnement de Charles VI en 1380. Cette même année il fut élu chancelier de France, place pour ainsi dire héréditaire dans sa famille, et en cette qualité, envoyé en 1383 en Angleterre pour y préparer un traité de paix.

Entre temps, Milon est aussi député vers l'évêque de Laon, pour traiter de la paix entre Louis de Marle et les Flamands qui s'étaient révoltés à la sollicitation de Philippe d'Artevelle. Milon remplit encore plusieurs missions politiques, témoins ses voyages d'Italie, sa présence au mariage du fils de Charles V avec Valentine de Milan, 1386, et aux assises de justice. Etant mort en 1387, à Montlery, son corps fut inhumé dans la chapelle du collège de Beauvais qu'il avait fait construire avec Guillaume de Sens, son frère. On y voyait leur tombeau avec cette épitaphe commune à tous les deux :

Hic Jacent Dominus de Dormanno, episcopus quondam Andegarensis, post Baiocensis et demum Belvacensis, cancellarius franciœ, qui obiit 17 Die Augusti anno 1387; et Guillelmus de Dormanno, ejus germanus, archiepiscopus Senonensis, regis consiliarius, doctores legum, nepotes Domini Joannis de Dormanno et filii nobilis viri Guillelmi de Dormanno fratrum, et franciœ cancellariorum, hujus collegii fundatorum, quorum corpora iacent apud Cartusienses prope Parisius, orate pro cis omnibus.

Outre la construction de cette chapelle, Milon avait fondé quatre bourses et deux obits sur le prieuré de Saint-Just en Beauvaisis, qu'il avait acquis pendant son épiscopat.

III

Le Cardinal Jean de Dormans et ses fondations

Malgré l'éclat et la célébrité de son frère et de ses neveux, le cardinal Jean de Dormans est resté la grande figure de sa famille et c'est certainement à lui qu'elle doit son importance et son relief, dus autant à ses qualités personnelles qu'aux hautes positions qu'il occupa pendant sa vie comme nous l'allons voir.

Jean de Dormans suivit d'abord la carrière qui lui était tracée par son père : Procureur au Parlement de Paris. Il débuta donc dans le barreau où il s'acquit bientôt une si grande réputation comme avocat, que de précepteur du Dauphin qui l'affectionnait d'une manière particulière, il fut attaché à sa personne en qualité de chancelier de Normandie. Ce qui ne l'empêcha pas d'être en même temps chanoine de Paris, de Châlons, de Soissons, de Saint-Quentin en Vermandois, de Meaux et de Beauvais; archidiacre de Brie et pénitentier de Sens. On dit même évêque de Lisieux.

Choisi en 1357 comme administrateur de l'évêché de Beauvais, à défaut d'âge de Philippe d'Alençon qu'on venait de pourvoir de ce siège, il finit par en devenir le titulaire par la nomination qu'en fit le pape lors de la translation de ce jeune évêque à l'archevêché de Sens. Jean fit donc son entrée solennelle le 17 juillet 1360 et la même année, après avoir été l'un des témoins de la paix de Bretigny, il obtenait du roi deux foires annuelles pour la ville de Beauvais.

Déjà chancelier de Normandie depuis 1357, Jean de Dormans fut élevé à la dignité de chancellier de France en 1361, avec assistance au Parlement présidé par le roi, quoiqu'il n'ait prêté serment qu'au mois d'octobre 1363, dans la cathédrale de Rouen.

Désigné en 1364 comme curateur dans le testament du roi Jean, il assista en 1366 au sacre de Charles V, et l'année suivante à la transaction entre le roi et le duc d'Orléans, au sujet de son apanage, recevant bientôt à son tour l'hommage du duc de Bourbon pour le comté de Clermont dépendant de son évêché.

Urbain V, voulant récompenser les services et les vertus de Jean de Dormans, le décora de la pourpre romaine en 1363, et il lui donna un successeur à l'évêché de Beauvais, successeur toutefois qui n'apparut qu'après la mort du Cardinal, ce qui fait supposer que, malgré cette mesure, le Cardinal continua à gouverner le diocèse. Ce fut cette même année qu'il baptisa le Dauphin destiné à régner plus tard sous le nom de Charles VI. L'année suivante, Jean de Dormans approuva la fondation pour six vicaires généraux dans sa cathédrale.

1370. Le Cardinal Jean de Dormans, parvenu par ses talents aux plus hautes dignités de l'Etat et de l'Eglise, persuadé d'ailleurs que les sciences sont aussi nécessaires aux pauvres qu'aux riches et que l'éloignement des

Académies célèbres privant les enfants de la campagne de l'étude des lettres, conçut le projet d'en procurer les moyens à ses compatriotes. Associant donc à son évêché de Beauvais le souvenir de son pays natal, il prit la résolution de fonder à Paris une maison d'éducation connue sous le nom de collège de Dormans-Saint-Jean de Beauvais, qu'il dota de douze bourses auxquelles il en ajouta d'autres dans la suite.

1371. L'année suivante, Jean de Dormans est envoyé en qualité de légat en Angleterre par le pape Grégoire XI. Ce ne fut pas toutefois sa dernière mission diplomatique, quoique s'étant démis de sa charge de chancelier en 1372 en faveur de son frère Guillaume, décédé en 1373. On est autorisé à croire qu'il reprit cette dignité pour bien peu de temps, il est vrai, étant mort quelques mois après son frère, non à Paris mais à Avignon, le 7 des Ides de novembre 1373.

Son corps fut inhumé dans l'église des Chartreux de Paris comme il l'avait demandé dans son testament dont voici les termes : *Ego eligo sepulturam meam in Ecclesia fratrum Carthusiensium, prioratus B. M. Vallis Viridis juxta Parisius, ad quem locum et ad ipsum ordinem devotionem habeo specialem. Et volo quod corpus meum ibidem sepeliatur, directe ante maius altare eiusdem Ecclesiæ, sub tumulo ibidem, sumptibus meis, de novo faciendo, sicut decet ad decorem loci, de metallo cupreo. Qui tumulus sit aliquantulum elevatus, quasi altitudine dimidiy pedis, ut aptus sit ad flectendum genua ante altare predictum.*

Le sépulcre du Cardinal fut donc placé comme il l'avait voulu, devant le maître-autel, sous une tombe plate de pierre, qu'il fit faire de son vivant et sur laquelle étaient ses armes en cuivre, aux quatre angles, avec cette épitaphe sur lames de cuivre.

Dormit hie I de Dormano
Christo felix est oblatus ;
Corpus linquens mundo,
Vano sub marmore tumulatus,
Tu devoti Patris huius
Rex gloriæ Jesu christe
Animam suscipe ; cuius
Corpus tegit lapis iste.

Mais pour se conformer à la teneur de son testament, on avait placé sur cette pierre une autre tombe de marbre noir, surmontée de l'effigie du Cardinal, relevée en bosse et en habits pontificaux, ayant le chapeau cardinalice à ses pieds, et de chaque côté de la tombe deux anges de cuivre tenant chacun un phylactère sur lesquels on lisait : *in pace fiat locus eius : habitatio eius in Sion*, et sur la bordure de la dite tombe était gravée une épitaphe latine dont voici la traduction.

« L'an 1373, le viie de la lune de novembre, trespassa Jean de Dormans, choisi d'abord pour évêque de Lizieux, puis de Beauvais, chancellier de France, enfin cardinal. Voulant faire naître sous son souffle bienfaisant de vivants confrères, il fonda, dans le Clos-Brunel, un collège d'enfants, dont il fut le père. C'est ainsi qu'on arrive au ciel. »

Le nécrologe de Saint-Pierre, de Beauvais, et l'obitier de Saint-Jean, de Soissons, font ainsi mémoire de lui en ces termes :

« L'an du Seigneur 1373, mourut Jean de Dormans, de bonne mémoire, prêtre cardinal de la Sainte Eglise des quatre Couronnés, qui fut évêque de Beauvais pendant neuf ans, puis en 1368, le 21 septembre, fut promu au cardinalat. Il fut, pendant sa vie, conseiller particulier très fidèle du roi de France; lequel donna à Saint-Pierre la troisième partie d'une rente provenant de noble homme, le chevalier Raoul de Sains. Jean vécut encore trois ans, huit mois et vingt-cinq jours après son ordination » (1).

On lit dans l'obitier de Saint-Jean :

« *Quinta Julii* (2) *obiit, felicis memoria Do. Joannes de Dormano, Cardinalis Belvacensis, et Cancellarius Franciæ, hujus Ecclesiæ benefactor specialis, qui post multa beneficia quæ contulit Ecclesiæ nostræ, Abbatem hujus Ecclesiæ principalem, et ordinatorem Scholarium sui Hospitii Parisiensis ordinavit et finaliter imaginem deauratam sanctæ Joanis Baptistæ donavit inter reliquias reponendam.* »

IV

Fondations de Jean de Dormans.

Le Cardinal étant donc arrivé à une grande situation, comme nous l'avons dit, grâce à sa réputation d'habileté et d'équité, qualités qui furent, paraît-il, la cause de sa fortune politique et religieuse, n'avait jamais oublié ce que sa haute position réclamait de lui.

Non content de travailler à la fondation de la Bibliothèque royale, qui est devenue aujourd'hui un établissement hors ligne et renfermant tous les trésors de l'esprit humain, il donnait aussi des preuves de son affection pour son pays natal, en dotant, en 1365, l'église de Dormans d'une chapelle, dont il laissait la collation au prieur de Coincy, à la charge toutefois par le chapelain d'apprendre

---

(1) Il semblerait résulter de ce texte que Jean de Dormans n'aurait été ordonné évêque qu'après son cardinalat, c'est-à-dire le 4 des Ides de février 1370. Ce serait un point à examiner.

(2) C'est une erreur manifeste de date, puisque tous les documents marquent sa mort au mois de novembre. On a confondu ici Jean de Dormans avec son frère Guillaume, mort au mois de juillet de la même année.

les premiers principes de la latinité aux enfants de ce lieu. Ce fut sans doute pour les mettre en état de continuer leurs études que, toujours mu par le même sentiment patriotique, il avait songé, dès l'année 1367, à fonder à Paris, en la rue du Clos-Brunel, dans une maison nommée *aux Images*, un collège pour y recevoir douze boursiers originaires de Dormans ou des environs, et, à leur défaut, du diocèse de Soissons.

Cependant, cette résolution, qui témoignait autant de sa générosité que de son amour pour la jeunesse soissonnaise, à laquelle il appartenait par son origine, ne fut mise à exécution que trois ans plus tard, en 1370. Le fondateur, outre le revenu suffisant pour la création de douze bourses, se chargeait de pourvoir le collège d'un maitre pour l'instruction des élèves, d'un sous-maître pour veiller sur leur conduite, et d'un procureur pour prendre soin de la maison. Ces trois officiers devaient toujours être pris dans le diocèse de Soissons, à moins d'être réduits, pour le bien de la communauté, à les choisir ailleurs.

Pour assurer le bon fonctionnement de cette création et prévenir les abus, le Cardinal voulut qu'après sa mort et celles de Guillaume, son frère, et de son neveu Milon, la direction de ce collège fût confiée aux abbés de Saint-Jean-des-Vignes, de Soissons, entre les mains desquels il remettait la nomination aux bourses et celle des officiers, avec l'autorité nécessaire pour visiter l'établissement, corriger les abus et vérifier les comptes du procureur.

La haute idée qu'avait le Cardinal des chanoines de Saint-Jean, qu'il regardait avec raison comme des hommes d'honneur, de conscience et de capacité, lui inspirait toute confiance. Aussi, pour montrer le cas qu'il en faisait et pour leur témoigner sa reconnaissance, voulait-il accorder une place dans ce collège à un chanoine prêtre de Saint-Jean, pour lui faciliter l'accession aux grades académiques, comme la licence et le doctorat.

Voici, du reste, les motifs qui l'ont guidé dans cette circonstance :

« Voulant, dit la Charte de Fondation, établir sur un
» fondement solide et durable nos dispositions ;

» Ayant reconnu qu'il existe d'habitude dans le monas-
» tère de Saint-Jean des abbés d'un bon gouvernement,
» d'une conduite recommandable ; et surtout plein de
» confiance en eux parce qu'ils sont mes compatriotes, et
» que des compatriotes seront animés d'une charité plus
» sincère ;

» Dans l'intention aussi d'honorer ce monastère, je
» désire que, mon frère et mon neveu étant morts, tous
» nos droits soient remis entre les mains de l'abbé de
» Saint-Jean, qui pourra distribuer les bourses, selon la
» teneur de notre fondation.

» Ordonner en plein droit *pleno jure,* et cela autant de
» fois qu'il le faudra, sans cependant pouvoir déroger rien
» à nos prescriptions. »

Trois fondations eurent lieu successivement et portèrent
le nombre des bourses de douze à dix-sept, puis à vingt-
quatre. La chapelle du collège de Dormans de Saint-Jean-
de Beauvais ne fut bâtie qu'après la mort du cardinal.
Elle fut l'œuvre de l'évêque Milon, qui y reçut, comme
nous l'avons dit, sa sépulture, avec Guillaume de Sens,
son frère. Cet évêque, qui restait seul des neveux du
Cardinal, désirant voir augmenter le collège, prit, avec
l'abbé de Saint-Jean, des arrangements pour la présentation
des boursiers, chapelains et autres officiers du collège.

Durant le xvᵉ siècle, le collège de Dormans, déjà pros-
père, prit au siècle suivant de nouveaux développements
par la création de nouvelles bourses. C'est ainsi qu'en
1513, Jean Richard, archidiacre de Soissons, y fondait
deux bourses pour des enfants de sa parenté, dans le
village d'Arcy-Sainte-Restitue et dans deux localités du
diocèse de Troyes. En 1520, Nothin, de Compiègne,
faisait la même fondation en faveur des enfants de Compiègne et de quelques villages voisins. Trois autres bourses
avaient été affectées à des enfants d'Athis et de Bisseuil,
au diocèse de Reims. On dit aussi que Jean Bassin (1729)

et Charles Perot (1759), et, dans ces derniers temps, l'abbé Vuittement, sous-précepteur de Louis XV, avaient aussi été les bienfaiteurs du collège par la création de bourses pour des sujets soissonnais.

La totalité de ces bourses qui s'augmentèrent avec le temps et par la suppression des offices de régent, de sous-maître, de procureur et de chapelain, arrivée en 1762, lors de l'incorporation des biens et des revenus du collège de Dormans-Beauvais à celui de Louis-le-Grand, en porta le nombre à quarante-deux bourses, dont vingt applicables à la ville de Dormans et le reste, à son défaut, à des sujets soissonnais.

L'abbé de Saint-Jean jouissait toujours des droits que lui conférait, pour l'attribution des bourses, la Charte de Fondation. Il pouvait même, les humanités terminées, c'est-à-dire les six années écoulées, à partir de la quatrième année jusqu'à la physique inclusivement, proroger les bourses en faveur de ceux qui, ayant obtenu le degré de maître-ès-arts, désireraient prendre, dans des facultés supérieures, les grades de bachelier et de licencié. Avec la restriction, toutefois, que le reste se passerait sous l'inspection immédiate du Parlement, comme il fut régi par un arrêt de la Cour en 1388, arrêt qui fut suivi jusqu'en 1778, époque où il fut fait de grands changements par le bureau d'administration du collège Louis-le-Grand.

L'année suivante, 1779, la bourse affectée à un chanoine de Saint-Jean-des-Vignes fut supprimée. Son revenu fixé à 500 francs devait faire retour à la Manse conventuelle, avec l'obligation pour le prieur de faire étudier un de ses religieux prêtre dans la Faculté de théologie de Paris, pour obtenir le bonnet de docteur.

C'est ainsi que disparaissait, presqu'à la veille de la grande catastrophe de 1793, le collège de Dormans, la belle fondation du Cardinal en faveur de la jeunesse de son pays natal et de son diocèse d'origine, perdant jusqu'à son nom, qui était pourtant celui de son bienfaiteur. Il est doublement fâcheux que le collège Louis-le-Grand, en recueillant ces riches épaves, s'il a pu les conserver, n'ait pu continuer à en faire jouir les ayants droit à cette faveur ; ou s'il les a perdues à son tour, qu'il n'en ait pas au moins conservé le souvenir par une plaque commémorative.

Ainsi ont péri presque partout les belles fondations du passé, faites en faveur des enfants du peuple, que le clergé, les évêques et les chapîtres avaient à cœur d'instruire et d'émanciper par les sciences, espérant qu'en élevant le niveau intellectuel de la nation, ils la moraliseraient et la glorifieraient aux yeux des autres peuples.

Ajouterons-nous qu'en dehors de ces fondations populaires, Jean de Dormans avait aussi voulu être un des bienfaiteurs de Saint-Jean-des-Vignes et des Chartreux de Paris, chez lesquels il avait créé une prébende pour un des religieux ; et l'on sait qu'en mourant, il léguait encore à cette Communauté, tant par reconnaissance que pour célébrer son anniversaire, une certaine somme d'argent qu'on devait convertir en revenus et destinée au vestiaire des moines. Déjà, il leur avait donné quelque temps auparavant trente livres de rente perpétuelle et amortie pour leur entretien. On lui était aussi redevable de la riche décoration du splendide retable, orné d'images d'albâtre, qui embellissait le grand autel.

Bien qu'il ne subsiste plus rien des œuvres de bienfaisance de ce grand Cardinal pour en rappeler la mémoire, Dormans n'en doit pas moins être fier de lui avoir donné le jour. Et aujourd'hui qu'on élève de tous côtés tant de statues, à des réputations surfaites, une ville s'honorerait, croyons-nous, en cherchant à évoquer le souvenir de l'un de ses enfants les plus glorieux et les plus méritants.

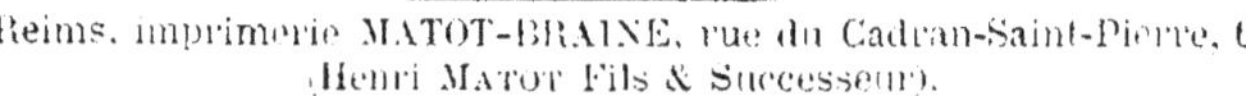

Reims, imprimerie MATOT-BRAINE, rue du Cadran-Saint-Pierre, 6
(Henri Matot Fils & Successeur).